Carl Becker

Beitrag zur vergleichenden Anatomie der Portulakazeen

Carl Becker

Beitrag zur vergleichenden Anatomie der Portulakazeen

ISBN/EAN: 9783743469648

Hergestellt in Europa, USA, Kanada, Australien, Japan

Cover: Foto ©berggeist007 / pixelio.de

Weitere Bücher finden Sie auf **www.hansebooks.com**

Beitrag zur vergleichenden Anatomie der Portulacaceen.

Inaugural-Dissertation

zur

Erlangung der Doctorwürde

der

hohen philosophischen Fakultät

der

Friedrich-Alexanders-Universität Erlangen

vorgelegt von

Carl Becker

aus Viersen (Königr. Preussen).

München.
Buchdruckerei von M. Ernst.
1895.

Seinen teuren Eltern

in Liebe und Dankbarkeit

gewidmet.

Einleitung.

Die Portulacaceen hatten bis jetzt eine zusammenhängende anatomische Bearbeitung noch nicht erfahren; in der botanischen Litteratur finden sich jedoch verschiedene Abhandlungen, die sich vergleichsweise auch kurz mit einigen Arten aus der Familie der Portulacaceen befassen.

Es sind hier, ausser einigen Arbeiten, die sich nicht auf die anatomischen Verhältnisse beziehen, zu nennen die Arbeiten von Regnault[1], Solereder[2] und Christ[3].

Ich unternahm es deshalb, auf Anregung meines hochverehrten Lehrers, Herrn Prof. Dr. Reess, eine zusammenhängende Bearbeitung der anatomischen Verhältnisse bei den Portulacaceen zu liefern; ich berücksichtigte dabei den Bau des Blattes, des Stengels und der Wurzel.

Da sich in der Umgrenzung und Einreihung der Familie der Portulacaceen in das natürliche System Verschiedenheiten bei einzelnen Autoren zeigen, so folgte ich in der vorliegenden Arbeit der neuesten Einteilung der natürlichen Pflanzenfamilien von Engler

---

[1] Regnault, Recherche sur les affinités de structure des Tiges des plantes du groupe de Cyclospermées. Ann. des sc. nat. bot T. XIV 1860.

[2] Solereder, über den systematischen Wert der Holzstruktur bei den Dycotyledonen. München 1885.

[3] Christ, Vergl. Anatomie der Caryophyllinen. Dissert. Marburg 1887.

und Prantl. Nach diesen Autoren zerfällt die Familie der Portulacaceen, welche zu der Reihe der Centrospermeen gehört, in folgende Gattungen (mit Anzahl der einzelnen Arten jeder Gattung):

1. Talinum mit 15 Arten,
2. Calandrinia „ 60 „
3. Spraguea „ 2 „
4. Calyptridium „ 4 „
5. Talinopsis „ 1 „
6. Pleuropetalum „ 1 „ Stellung noch unsicher
7. Grahamia „ 1 „
8. Anacampseros „ 9 „
9. Claytonia „ 20 „
10. Hectorella „ 1 „ Stellung noch unsicher
11. Montia „ 2 „
12. Monocosmia „ 1 „
14. Silvaea „ 4 „
13. Portulacaria „ 2 „
15. Talinella „ 1 „
16. Portulaca „ 20 „
17. Lewisia „ 2 „

Eine Einteilung der Portulacaceen in Unterfamilien resp. Triben, die durch systematische Charaktere oder geographische Verbreitung begrenzt würden, lässt sich nach Pax's resp. Engler und Prantl's[1]) Ansichten nicht gut durchführen; wie wir im Folgenden sehen werden, sind auch die anatomischen Unterschiede zu mannigfach, als dass sie zu einer brauchbaren Einteilung in Unterfamilien einen Anhalt geben könnten.

Von den 17 Gattungen der Familie der Portulacaceen hatte ich Gelegenheit 12 Gattungen mit 46 Arten zu untersuchen.

---
[1]) Engler und Prantl, die natürlichen Pflanzenfamilien Portulacaceen Seite 56, 1889.

Das Untersuchungsmaterial bestand zum weitaus grössten Teil aus frischen Pflanzen in verschiedenen Stadien, die im botanischen Garten zu Erlangen aus Samen gezogen waren, die aus verschiedenen europäischen botanischen Gärten stammten; ich habe im speziellen Teil dieser Arbeit hinter dem Namen einer jeden Art den Namen des betreffenden Gartens angeführt, aus welchem der Same, resp. die Pflanze herrührte; einige seltenere Sachen mussten nach Herbariumsmaterial untersucht werden.

Spezieller Teil.

Talinum. Adans.

Saftige Kräuter mit gegenständigen, etwas fleischigen Blättern.

Talinum purpureum. Parma.

Blatt. Der Bau des Blattes ist der von De Bary[1]) als „centrisch" bezeichnete; charakteristisch für diesen Typus ist, dass eine Sonderung des Blattparenchyms in zwei differente Schichten, Pallisaden- und Schwammparenchym nicht stattfindet. Um eine Mittelschicht aus relativ grossen, fast chlorophyllfreien saftigen Parenchymzellen zeigt sich eine Schicht Chlorophyllparenchym gelagert, ohne dass ein bestimmter Uebergang zwischen beiden Schichten stattfände. Ausgezeichnet ist dieses chlorophyllarme Gewebe durch das Vorkommen von Krystalldrusen von oxalsaurem Kalk, sowie das Vorhandensein vereinzelter Schleimbehälter, es sind dies kugelige Schleimmassen, die von einer feinen Membran

---

[1]) De Bary, Vergl. Anatomie der Vegetationsorgane, p. 423.

umgeben sind, nicht grösser als die umgebenden Parenchymzellen, sich jedoch deutlich von diesen abheben durch ihre Kugelgestallt und andere Lichtbrechung. Die an die Epidermis anstossenden Zellen des Chlorophyllparenchyms sind etwas länglicher gestaltet und scheinen das nicht vorhandene Pallisadengewebe zu ersetzen. Die Epidermis ist einzellig, die Zellen sind etwas länglich gestreckt, schwach verdickt und cuticularisiert. Von der Fläche gesehen, zeigen die Epidermiszellen eine wellige Contourierung; an den Stellen aber, wo Blattnerven verlaufen, sowie beim Uebergang in den Blattstiel zeigen die Epidermiszellen ein langgestrecktes Aussehen. Sowohl auf der Ober- wie namentlich auf der Unterseite des Blattes besitzt die Epidermis unregelmässig angeordnete Spaltöffnungen, die von zwei Nebenzellen umfasst werden (Fig. 1), welch' letztere nicht wie die angrenzenden Epidermiszellen wellig contouriert sind. Die Gefässbündel des Blattes sind normal gebaut und bestehen aus sehr kleinen Elementen; der Holzteil besteht nur aus Tracheen und ist stets der Oberfläche des Blattes zugekehrt.

Stengel. Die Epidermis des Stengels ist einzellig und führt vereinzelte Spaltöffnungen, deren Bau derselbe ist wie bei den Spaltöffnungen der Blätter; die Epidermiszellen sind schwach verdickt und cuticularisiert. Einzelne derselben wölben sich über die Oberfläche halbkreisförmig hinaus, ihr Inhalt zeigt sich jedoch von dem der übrigen Epidermiszellen nicht verschieden. An die Epidermis grenzt eine zwei bis drei Zellreihen breite Hypodermschicht, deren Zellen in den Ecken collenchymatisch verdickt sind. Nach innen geht dieses Hypoderm allmählich in dünnwandiges Parenchym über, dessen Zellen successive weiter werden, und immer Intercellularräume zeigen; vereinzelte dieser Zellen schliessen Krystalldrusen von oxalsaurem Kalk ein. Die Gefässbündel zeigen normalen Bau, sind kreisförmig um das Mark angeordnet und in jungen Stadien von einem Stärkering umgeben. Die einzelnen Gefässbündel haben keilförmige Gestalt, der Holzteil besteht aus Spiralgefässen mit Uebergängen zu Netz- und Ringgefässen, welche in dünnwandiges, parenchymatisches Gewebe eingebettet sind.

Cambium und Siebteil sind mässig entwickelt und haben sehr kleine, zartwandige, enge und langgestrekte Elemente.

Durch sekundären Zuwachs bildet sich in älteren Stadien allmählich, an den Siebteil der Gefässbündel anschliessend, ein geschlossener, extracambialer Ring von Bastfasern, der meist 4—5 Zellreihen breit wird. Die Zellen dieses Bastfaserringes verholzen nach und nach und nehmen einfache Tüpfelung an; mit der zunehmenden Verholzung verschwindet auch der in jüngeren Stadien vorhandene Stärkering, sodass man wohl annehmen darf, dass diese Stärke zum Aufbau, resp. zur Verholzung des Bastringes verwendet worden ist.

Das Mark besteht aus gleichartigen grossen Parenchymzellen mit Interstitien; als Inhalt führen einzelne dieser Markzellen stets Drusen von oxalsaurem Kalk und periodisch Stärke.

Eigentliche Markstrahlen sind nicht vorhanden, die Markzellen schieben sich zwischen die einzelnen Gefässbündel, dieselben von einander trennend, bis an den Festigungsring vor, indem sie zuletzt auch etwas kleinlumiger werden.

Wurzel. Der typische Dikotyledonenwurzelbau ist nicht zu erkennen. Auf dem Querschnitt sieht man einen polyarchen Gefässbündelcylinder, dessen Gefässe in nicht verholztes Parenchym eingebettet sind und mit diesem gewissermassen einen centralen

Körper bilden, in dem Mark und Markstrahlen nicht zu unterscheiden sind.

Der Holzteil der Gefässbündel besteht ausschliesslich aus Tüpfelgefässen mit einfachen, spaltenförmigen Tüpfeln und Uebergängen zu Netzgefässen, vereinzelt kommen Spiralgefässe vor; die Gefässe zeigen rundliche, einfache Perforation. Das zwischen den Gefässen liegende Parenchym ist vollständig mit Stärke angefüllt. Cambium und Siebteil liegen ausserhalb des centralen Körpers und sind nur schwach entwickelt; an diese grenzt das Rindengewebe, welches zunächst aus eng aneinander schliessenden Parenchymzellen besteht, die nach der Epidermis zu weiter und lockerer werden.

Die Epidermis und ein Teil der Rinde sterben schon frühzeitig ab, es bildet sich unter der Epidermis im Rindengewebe Phellogen, welches nach aussen Kork erzeugt, in tafelförmigen in Reihen angeordneten Zellen, wodurch die vorgenannten Rindenteile abgeworfen werden.

Folgende von mir untersuchte Talinum-Arten schliessen sich in ihrem anatomischen Bau an den oben besprochenen Typus an:

Talinum pateus. Madrid.

Diese Art unterscheidet sich von der vorigen nur dadurch, dass in jungen Stadien sehr deutlich ein triarcher Gefässbündelcylinder in der Wurzel gegenüber dem polyarchen bei Talinum purpureum zu erkennen ist.

Talinum grandiflorum. Madrid.

Auffallend ist bei dieser Art die unregelmässige Anordnung der Nebenzellen bei den Spaltöffnungen im Blatt. Neben zwei gleich grossen Nebenzellen, kommen Fälle vor, wo die eine sehr gross, die andere unverhältnissmässig klein ist oder wo eine der Nebenzellen durch eine zarte Querwand nochmals in zwei Teile geteilt ist.

Talinum crassifolium. Madrid.

Talinum cuneifolium. Erlangen.

Eine Art mit dem Habitus eines Halbstrauches, hat einen dementsprechend kräftigeren Bau. Der extracambiale Festigungsring ist nur durch eine schmale Brücke von einer bis zwei Zellreihen geschlossen, während er über jedem Gefässbündel zu einer mächtigen Kuppe von fünf bis acht Zellreihen in älteren Stadien sehr stark, fast bis zum Verschwinden des Lumens, verholzter Prosenchymzellen anwächst. Auch die primären Gefässe der Gefässbündel liegen nicht in dünnwandiges Gewebe, sondern in ebenfalls verholzte Prosenchymzellen, Libriform, eingebettet, letzteres zeigt einfache Tüpfelung. Der übrige Bau ist derselbe wie bei Talium purpureum.

Calandrinia.

Kräuter mit langen, schmalen, linealen, saftigen aber nicht succulenten Blättern.

Calandrinia compressa. Rom.

Die Struktur des Blattes ist dieselbe wie bei den Blättern von Talinum, eine centrische; jedoch ist bei Calandrinia nicht nur eine bestimmte Schicht Chlorophyllparenchym vorhanden, sondern das ganze Blattgewebe ist chlorophyllhaltig. Das Blattgewebe wird nach der Oberseite des Blattes zu dichter. Die den Talinumarten und anderen Portulacaceen eigenen Schleimzellen kommen auch im Blatt von Calandrinia vor; jedoch sind sie hier bedeutend weniger zahlreich und auch nicht grösser als die umgebenden Zellen, sodass sie auf dem Querschnitt nicht sofort auffallen. Ausgezeichnet sind die Blätter von Calandrinia compressa und aller anderen Calandriniaarten durch Haare, die jedoch nicht auf der ganzen Epidermis sich finden, sondern nur an an den Blatträndern vorhanden sind. Eine Ausnahme hievon, sowie auch in ihrem Bau zeigen die Haare von Calandrinia umbellata und pilosiuscula, auf die ich später noch zurückkomme. Die vorerwähnten Haare von Calandrinia compressa sind einzellig und entstehen durch Auswachsen gewisser Epidermiszellen, welche gleichsam als Fussstück dienen und sich allmählich verjüngen und an der Spitze abgerundet sind. (Fig. 7.) Die Haare haben eine etwas weniger starke Membran als die Epidermiszellen; ihr Inhalt ist körnig saftig und klar. Im Blatt von Calandrinia finden sich die Spaltöffnungen ebenfalls sowohl auf der Ober- wie auf der Unterseite; dieselben sind von vier Nebenzellen eingeschlossen (Fig. 2), welch' letztere nicht wie die angrenzenden Epidermiszellen wellig gerundet sind.

Stengel. Die Epidermis des Stengels ist einzellig, die Zellwände sind schwach collenchymatisch verdickt und die äussere schwach cuticularisiert; in der Epidermis des Stengels sind vereinzelte Spaltöffnungen vorhanden, mit vier Nebenzellen wie im Blatt.

Ein collenchymatisches Hypoderm wie bei Talinum wird nicht ausgebildet, sondern an die Epidermis grenzt das aus dünnwandigen Parenchymzellen mit Intercellularräumen versehene Rindengewebe, das wenig Stärke und in ganz vereinzelten Zellen Krystallsand von oxalsaurem Kalk führt.

Die keilförmigen Gefässbündel zeigen normalen Bau und sind kreisförmig angeordnet. Der Holzteil besteht aus Spiralgefässen mit Uebergängen zu Ringtracheen; dieselben sind in jungen Stadien eingebettet in dünnwandige prosenchymatische Zellen, welche in späteren Stadien verholzen und einfache Tüpfelung annehmen und somit zu Libriform werden. Cambium und Siebteil sind normal entwickelt mit sehr kleinen Elementen. Wo die Gefässbündel an das Mark angrenzen, setzt sich ihnen gleichsam eine Spitze von kleinlumigem Parenchymgewebe mit ziemlich dicken Zellwänden an, welches den Uebergang zu den bedeutend grösseren, dünnwandigen Markzellen bildet. Markstrahlen sind nicht vorhanden, das Markgewebe drängt sich zwischen die einzelnen Gefässbündel, dieselben von einander trennend.

In jüngeren Stadien ist auch bei Calandrinia ebenso wenig wie bei Talinum ein sklerotischer Festigungsring vorhanden; derselbe ist jedoch schon frühzeitig angedeutet durch schmale dünnwandige Zellen, die sich rings um die Gefässbündel zu einem Kreis verbinden und durch sekundäres Wachstum extracambial entstanden sind. Auch hier umzieht in jungen Stadien ein Kreis von Stärkezellen den Bastfaserring, welcher mit der Zeit breiter wird und ziemlich stark verholzt; gleichzeitig verschwindet der Inhalt der Stärkezellen. In der Configuration folgen Festigungsring und Gefässbündel der unregelmässig fünfkantigen Form des Stengels.

Wurzel. Der Querschnitt durch die Wurzel zeigt einen polyarchen Gefässbündelcylinder, dessen Gefässe in kurze, prosenchymatische Zellen eingebettet sind und ausnahmslos Tüpfelgefässe mit breiten, spaltenförmigen Tüpfeln sind, in ihrem Aussehen nähern sich diese Tüpfelgefässe sehr den Leitergefässen. Mark und Markstrahlen fehlen. Die Prosenchymzellen sind in ihren jüngeren Stadien unverholzt, später strecken sie sich etwas in die Länge und verholzen zum Teil; und zwar geht die Verholzung von der Peripherie des centralen Cylinders nach der Mitte zu, sodass zuletzt nur im Mittelpunkt noch einige dünnwandige Zellen vorhanden sind, welche an der Verholzung nicht teilzunehmen scheinen. Cambium und Siebteil liegen ausserhalb des centralen Holzkörpers und haben sehr kleine Elemente. Die Wurzelrinde besteht aus rundlichen, etwas gestreckten Parenchymzellen, die gegenüber denen von Talinum ziemlich fest aneinander schliessen.

Epidermis und ein Teil des Rindengewebes wird auch hier ziemlich frühzeitig durch Korkbildung abgeworfen.

Wie Calandrinia compressa verhalten sich anatomisch auch:

Calandrinia	caulescens.	Madrid.
„	elegans	Erlangen.
„	procumbens	Madrid.
„	sericea	Berlin.
„	speziosa	Erlangen.
„	grandiflora	Rom.
„	spectabilis	Erlangen,

letztere mit im Verhältnis zu ihrer Grösse sehr kleinen Gefässbündeln.

Calandrinia polypetala, eine sehr kleine zarte Pflanze, hat auch einen dementsprechend zarten Bau, ist jedoch vollständig wie die vorgenannten Arten gebaut.

Calandrinia minima ist wie die vorhergehende sehr zart gebaut, entspricht aber auch in ihrem Bau vollständig dem Calandriniatypus. Krystallelemente konnten bei Calandrinia minima nicht nachgewiesen werden.

Calandrinia umbellata zeigt ein von den übrigen Calandrinien sehr verschiedenes Aussehen und weist auch einige kleine anatomische Unterschiede auf. Bei Calandrinia umbellata ist eine ausserordentlich stark entwickelte Behaarung vorhanden, sämmtliche Hochblätter sind durch derbe, dickwandige Haare bedeckt, wodurch sie ein sehr rauhes Aussehen bekommen. Diese Haare entstehen aus einem aus der Epidermis sich vorwölbenden Zellhügel, dessen Zellen, sobald sie sich über die Epidermis erheben, sich in die Länge strecken und stark verholzen, die dann folgenden Zellen strecken sich immer mehr in die Länge und nehmen das Aussehen von Holzfasern an; letztere schliessen dann eng aneinander und bilden ein rundes Bündel. In gewissen Zeiträumen, doch ohne bestimmte Reihenfolge, ist das Ende der einzelnen Fasern hakenförmig nach aussen gebogen; die Zahl der faserartigen Zellen nimmt so nach der Spitze rasch ab und gewöhnlich endigt das Haar einspitzig. (Fig. 8 a und b.)

Die Oberhautzellen von Calandrinia umbellata sind von der Fläche gesehen fast polyedrisch; die Spaltöffnungen sind von zwei Nebenzellen seitlich begrenzt, nicht wie bei den übrigen Calandrinien von vier Nebenzellen umgeben. Die Drusen von oxalsaurem Kalk sind aus mehr flachen, tafelförmigen Krystallen zusammengesetzt, während sie bei den übrigen Calandrinien aus spitzen Krystallen bestehen.

Die Struktur des Stengels zeigt auch einige kleine Verschiedenheiten, es sind dies hauptsächlich die Ausbildung eines einschichtigen, schwach collenchymatischen Hypoderms, sowie die Form der Gefässbündel, welche hier nicht die bei den übrigen Calandrinien vorkommende Keilform besitzen, sondern ganz in die Breite wachsen und fast seitlich zusammenstossen. Spaltöffnungen und Krystallelemente des Stengels entsprechen den im Blatt vorkommenden; die im Mark vorkommenden Drusen liegen in Parenchymzellen, die bedeutend grösser sind, als die umgebenden Markzellen.

Calandrinia pilosiuscula schliesst sich in seinem Bau an C. umbellata an, jedoch sind bei den zusammengesetzten Haaren die Endigungen der einzelnen Zellen resp. Fasern nicht hakenförmig nach aussen gebogen, sondern bleiben gerade gestreckt und sind oben abgerundet.

Spraguea Torrey.

Zweijähriges Kraut mit fleischigen Blättern. Von den beiden Arten der Gattung Spraguea hatte ich Gelegenheit Spraguea umbellata aus der Sammlung vom Sm. Parish in St. Bernardino in Californien zu untersuchen.

Die Blattstruktur ist auch hier eine centrische; eine wenig chlorophyllhaltige parenchymatische Mittelschicht wird von Chlorophyllparenchym eingeschlossen, und diese ist wieder von der Epidermis getrennt durch grosse, etwas länglich gestreckte Parenchymzellen, die an Pallisadenzellen erinnern und diese hier zu vertreten scheinen. Bestimmte Uebergänge ineinander bestehen jedoch bei diesen verschiedenen Geweben nicht.

Die Epidermis ist einzellig, die Zellwände sind mässig verdickt und ziemlich cuticularisiert. Von der Fläche gesehen sind die Epidermiszellen nicht wellig contouriert, sondern zeigen ein netzartiges Maschenwerk. Spaltöffnungen sind sowohl auf der Ober- als auch auf der Unterseite vorhanden und von zwei Nebenzellen begrenzt. Aehnlich wie bei Talinum wölben sich auch hier einzelne Epidermiszellen halbkreisförmig oder sackförmig über die Oberfläche hinaus (Fig. 10); sie zeigen einen sehr saftigen, einigermassen schleimigen Inhalt.

Im Blattgewebe zerstreut finden sich Krystalle von oxalsaurem Kalk, sowie die schon bei Talinum erwähnten Schleimzellen.

Der Stengel schliesst sich im anatomischen Bau den Calandriniaarten an. Es ist ein geschlossener, extracambialer Festigungsring vorhanden, der aus mehreren Zellreihen stark verholzter, sehr lang gestreckter Bastfasern besteht; dieselben greifen mit ihren spitzen Enden fest ineinander und zeigen einfache Tüpfelung.

Die Gefässbündel sind kreisförmig angeordnet und zeigen das Bestreben, mehr in die Breite zu wachsen, so dass sie ihre ursprünglich keilförmige Gestalt ganz verlieren. Die einzelnen Gefässe sind nicht wie bei Calandrinia in dünnwandiges Gewebe eingebettet, sondern schliessen alle fest zusammen und sind umgeben von englumigem Parenchym, das einen allmähligen Uebergang zu dem aus grossen Parenchymzellen ohne besondere Intercellularräume bestehenden Mark bildet. Es kommen Spiral-, Tüpfel- und Ringgefässe vor, letztere stets in der Nähe des Markes.

Wie das Mark, so besteht auch die Rinde nur aus Parenchym; ein collenchymatisches Hypoderm, wie bei Talinum ist nicht ausgebildet.

Die Epidermis ist einzellig, die einzelnen Zellen sind collenchymatisch verdickt und ziemlich stark cuticularisiert.

Die Wurzel zeigt ebenfalls wie bei den vorhergehenden Gattungen einen polyarchen centralen Gefässbündelcylinder, dem Mark und Markstrahlen fehlen; das Rindengewebe ist viel mächtiger ausgebildet wie bei Talinum und Calandrinia, die einzelnen Parenchymzellen sind jedoch bedeutend kleinlumiger und schliessen fester zusammen wie bei jenen.

Auch hier wird die Epidermis und ein Teil des Rindengewebes frühzeitig abgeworfen.

Calyptridium. Nutt.

Einjähriges Kraut mit langgestreckten Grundblättern und wenig zahlreichen Stengelblättern.

Calyptridium monandrum. Sammlung Parish.

Der Blattbau ist wiederum der von De Bary centrisch genannte, und von dem der vorhergehenden Gattungen wenig verschieden. Die Epidermiszellen zeigen von der Fläche gesehen fast polygonale Gestalt; die Spaltöffnungen sind von zwei Nebenzellen seitlich begrenzt. Im Blattgewebe zerstreut finden sich die charakteristischen Schleimzellen, sowie ausser drusenartigen Massen von oxalsaurem Kalk auch quadratische Einzelkrystalle.

Ebenso sind die anatomischen Verhältnisse des Stengels im wesentlichen dieselben wie bei den vorhergehenden Gattungen. Ein geschlossener, extracambialer stark verholzter Festigungsring ist ausgebildet. Die Gefässbündel zeigen das Bestreben, in die Breite zu wachsen; der Holzteil der Bündel besteht fast nur aus Gefässelementen, welche fest aneinander schliessen, lediglich gegen das Phloëm zu findet sich ein Schicht Holzparenchym, welches mit einfachen, spaltenförmigen Tüpfeln versehen ist. Festigungsring und Holzteil der Gefässbündel umfassen in älteren Stadien den Bastteil halbmondförmig und stossen beiderseits zusammen, sodass der Bastteil inselartig dazwischen liegt.

Mark, Rinde und Epidermis zeigen denselben normalen Bau, wie wir ihn bei Talinum und Calandrinia kennen gelernt haben. Auch die Struktur der **Wurzel** ist die schon bekannte. Es ist ein aus Tüpfelgefässen und Tracheïden bestehender centraler Holzkörper vorhanden, der in seinem Mittelpunkte unverholztes dünnwandiges Gewebe zeigt, in welches jedoch auch noch einige Gefässe eintreten, sodass man von einem eigentlichen Mark auch hier nicht reden kann.

Die Rinde bildet im Gegensatz zu Spraguea ein sehr lockeres Gewebe.

Epidermis und ein Teil der Rinde wird durch Korkbildung frühzeitig abgeworfen.

Calyptridium Parryi Gray schliesst sich anatomisch an C. monandrum an. Ein kleiner Unterschied ist der, dass bei C. monandrum ein zusammenhängendes Gefässbündelcylinder ohne Markstrahlen in der Wurzel vorkommt, derselbe ist bei C. Parryi strahlenförmig von Markstrahlen durchbrochen.

Anacampseros. L.

Ein Halbstrauch mit reduzierten, fleischigen, dachziegelig über einander sitzenden Blättern.

Anacampseros arachnoïdes. Palermo.

Der Bau der Blätter ist wiederum der homogencentrische. Um eine Mittelschicht von grossen parenchymatischen Zellen mit saftigem Inhalt zieht sich eine Schicht Chlorophyllparenchym, ohne dass ein direkter scharf abgegrenzter Uebergang von dem einen in das andere Gewebe zu unterscheiden wäre. Mit der Epidermis steht das Chlorophyllgewebe durch Parenchymzellen in Verbindung, die etwas regelmässiger angeordnet sind und etwas fester zusammenschliessen, und gewissermassen das fehlende Pallisadengewebe ersetzen.

Die Epidermis ist einzellig, die einzelnen Zellen haben fast rechteckige Gestalt und sind stark verdickt, mässig cuticularisirt und viel kleiner als die Zellen des angrenzenden Gewebes. Die Blattepidermis trägt beiderseits Spaltöffnungen, die von zwei Nebenzellen umfasst werden. Teils in dem Gewebe direkt unter der Epidermis, teils im centralen Schwammparenchym finden sich unregelmässig zerstreut grosse Schleimzellen von derselben Beschaffenheit, wie wir sie schon bei Talinum, Spraguea und Calyptridium kennen lernten; während sie jedoch bei letzteren nicht viel grösser als die Zellen des umliegenden Gewebes waren, übertreffen sie bei Anacampseros die umliegenden Zellen bedeutend an Grösse. Ausser diesen Schleimelementen finden sich im Blattgewebe zerstreut noch Drusen, sowie Einzelkrystalle von oxalsaurem Kalk.

Der Stengel zeigt ein von den bisherigen Gattungen ganz abweichendes Verhalten in seiner Struktur. Ein Festigungsring fehlt vollständig, ebenso fehlen die denselben häufig ersetzenden Hartbastelemente gänzlich. Sonst sind die Gefässbündel normal gebaut mit sehr kleinlumigen Elementen sowohl in Holz- als Bastteil, und sind in ziemlich grossen Abständen zu einem Kreis angeordnet. Die Gefässe sind ausschliesslich spiralig verdickt und von dünnwandigem, ebenso kleinlumigen Parenchymgewebe eingeschlossen. Im Mark regellos zerstreut finden sich zahlreiche, ganz kurze spindelförmige Tracheïden, sämmtlich von einem derben weiten Spiralband durchzogen und von bedeutend grösserem Lumen als die Gefässe. Diese Tracheïden treten vor bis zwischen die einzelnen Gefässbündel. Auffallend ist der kollossale Gehalt des Markes an oxalsaurem Kalk in Drusen; sämmtliche Markzellen zwischen den zerstreuten Tracheïden, sowie die die einzelnen Gefässbündel trennenden parenchymatischen Zellen sind erfüllt von je einer Krystalldruse, so dass nur die Gefässelemente und Tracheïden davon frei sind.

Die Rinde ist sehr einfach gebaut, sie besteht aus ca. zehn bis zwölf Zellreihen Parenchymgewebe, mit sehr vereinzelten Krystalldrusen von oxalsaurem Kalk. Die Epidermis ist einzellig, schwach verdickt und cuticularisiert.

Anacampsoros filamentosa. Palermo.

Zeigt denselben Bau wie A. arachnoïdes.

Claytonia L.

Saftige Kräuter, bei denen die einzelnen langgestielten Blätter und Blütenstengel aus einem verdickten Grundstock entspringen.

Claytonia perfoliata.

Der Blattbau ist wiederum der homogen centrische; die Epidermis zeigt beiderseits Spaltöffnungen, die von zwei Nebenzellen seitlich begrenzt sind und parallel der Längsaxe des Blattes in ziemlich regelmässigen Reihen angeordnet sind. (Fig. 3.) Schleimzellen sowie Krystallelemente fehlen.

Im Blütenstengel fehlt ein Festigungsring vollständig. Die Gefässbündel sind im Stengel in der Vierzahl vorhanden, und zwar zwei grössere und zwei kleinere, welche mit einander abwechseln. Die einzelnen Gefässe sind an Lumen verschieden gross und zeigen hauptsächlich spiralige Verdickung mit Uebergängen zu Ring- und Netzgefässen. Der Bastteil besteht grösstenteils aus Weichbast, welchem eine Gruppe von nur einer Zellreihe von unverholzten Bastfasern vorgelagert ist; es fehlen also bei Claytonia Festigungselemente vollständig. Um die Gefässbündel zieht sich in jungen Stadien ein Stärkering, dessen Zellen sich später zu einer Endodermis ausbilden und schwach verkorken. Da die Gefässbündel einen sehr engen Kreis bilden, so lassen sie nur kleines Mark zwischen sich; dasselbe besteht ebenso wie die Rinde aus ziemlich lockeren, Intercellularräume führenden Parenchymzellen; Krystallelemente fehlen in beiden. Die Epidermis ist einzellig mit im Vergleich zum anstossenden Rindengewebe sehr kleinlumigen Zellen, deren Wände verdickt und nach aussen cuticularisiert sind, ab und zu finden sich im Stengel Spaltöffnungen von demselben Bau wie in den Blättern.

Im Grundstock finden sich dieselben anatomischen Verhältnisse wie im Stengel, jedoch sind die Gefässbündel bedeutend zahlreicher und das übrige Gewebe mächtig ausgebildet und eng zusammenschliessend. Dadurch, dass nach allen Seiten Blätter und Blütenstengel entspringen, die ihren Ursprung in den einzelnen Gefässbündeln des Grundstocks nehmen, liefert der Grundstock auf dem Querschnitt ein sehr ungleichmässiges verworrenes Bild.

Der Bau der Wurzel entspricht dem der bisherigen Gattungen. Der Querschnitt zeigt ein polyarches Gefässbündel mit strahlenförmig angeordneten Gefässen, die zwischen Parenchym liegen und im Mittelpunkt zusammenstossen.

Dem Typus von Claytonia perfoliata schliessen sich in ihrem anatomischen Verhalten an

Claytonia sibirica. Kiew.
„ virginica
„ Unalaschkensis } Erlangen.
„ alsinoides

Cl. australasica zeigt deutliche einfache Tüpfelung des Rindenparenchyms; ferner sind keine abgegrenzten Gefässbündel vorhanden, sondern ein Kreis unregelmässig angeordneter Gefässe ohne jede andere Holzelemente umschliesst ein kleines Mark.

Hectorella.

Ein niedriges Kraut, dichte, kissenförmige Rasen bildend, mit lederartigen, dachziegelförmigen Blättern.

Hectorella caespitosa, aus der Sammlung von Prof. Borggren in Lund stammend.

Blatt. Der Blattbau stimmt mit dem von Anacampseros überein; die Spaltöffnungen sind ebenfalls von zwei Nebenzellen umfasst, auch finden sich die bekannten Schleimzellen vor.

Stengel. Auch der Bau des Stengels hat mit dem von Anacampseros Aehnlichkeit, doch fehlen die charakteristischen Tracheïden ganz, dagegen bestehen auch hier die Gefässbündel, welche ringförmig angeordnet und durch Parenchym von einander getrennt sind, nur aus Gefässen und Weichbast; Hartbastfasern oder sonstige Festigungselemente sind nicht vorhanden. Mark und Rinde bestehen aus ziemlich lockerm Parenchym; in ihnen finden sich zerstreut Schleimzellen und wenige Drusen von oxalsaurem Kalk. Die Epidermis ist einzellig und wird in älteren Stadien durch Korkbildung abgeworfen. Der Stellung von Hectorella, welche morphologisch wegen der alternipetalen Staubblätter noch unsicher ist, stände in anatomischer Hin sicht wegen des Vorhandenseins der Schleimzellen und sonstiger Uebereinstimmungen als zu den Portulacaceen gehörig nichts im Wege.

Montia L. Niedriges, kahles Kraut, mit kleinen saftigen Blättern.

Montia minor. Erlangen.

Der Blattbau schliesst sich in der Hauptsache an Claytonia an; von der Fläche gesehen, sind die Epidermiszellen von rechteckiger Form mit welliger Contour der Zellwände, nach der Spitze des Blattes zu verliert sich diese wellige Contourierung und geht allmählich in gerade gestreckte Zellwände über. Die Spaltöffnungen liegen direkt in der Epidermis, sie haben keine Nebenzellen. Krystallelemente und die bekannten Schleimzellen fehlen.

Auch im Bau des Stengels zeigt Montia nichts Neues, es ist nur seinem Habitus entsprechend zierlicher gebaut. Die Epidermis ist einzellig, die Zellen derselben sind verdickt, vereinzelte Spaltöffnungen sind vorhanden. Das Rindenparenchym ist sehr grosslumig mit Intercellularräumen. Um das Mark zieht sich der dem Habitus gemäss sehr zierlich gebaute Gefässbündelring, nur aus Weichbast und Gefässen bestehend. Die Angaben Christ's[1], der für Montia fontana, welches nach Engler und Prantl, sowie De Candolle mit Montia minor identisch ist, folgendes festgestellt hat: „ein Festigungsring sei durch einen einreihigen, krystalllosen, aber äusserst stärkehaltigen, kleinzelligen, dicht um den lockern Weichbast ziehenden, aber nicht sklerotischen Ring ange-

---

[1] Christ, Vergl. Anatomie der Caryophyllinen. Dissert. Marburg 1887.

deutet", kann ich bestätigen, doch fand ich, dass auch hier in älteren Stadien der Stärkering verschwindet und eine ganz schwach verkorkte Endodermis sich bildet. Die anatomischen Verhältnisse der Wurzel sind dieselben wie bei Calandrinia.

Montia rivalis verhält sich wie die vorhergehende minor.

Monocosmia. Fenzl.
Niederliegendes saftiges Kraut mit gestielten Grund- und sitzenden Stengelblättern.

Die einzige Art ist Monocosmia monandra sive corrigioloïdes. Erlangen.

Sowohl in Blatt- wie in Stengel- und Wurzelbau schliesst sich Monocosmia an den Talinum-Typus an.

Es wird ein geschlossener extracambialer Festigungsring ausgebildet; die Gefässbündel treten nicht sehr weit in's Mark vor und wachsen sehr in die Breite, so dass manchmal bis zu vier einzelne Gefässbündel seitlich verwachsen, resp. in einander übergehen. In der Rinde kommen vereinzelte Krystalldrusen vor.

Portulacaria. Jacqu.
Ein kahler Strauch mit succulenten gegenständigen Blättern, die fast sitzend sind.

Portulacaria Afra. Palermo.
Das Blatt zeigt wiederum centrischen Bau. Die Epidermis ist einzellig, die Zellen sind collenchymatisch verdickt und viel englumiger als die angrenzenden Parenchymzellen. Von der Fläche gesehen, sind die

Epidermiszellen nicht wellig geründert, sondern zeigen ein netzartiges Maschenwerk, in dem die Spaltöffnungen, von zwei Nebenzellen umfasst, zerstreut liegen. In dem Blattgewebe, namentlich in der Schicht unter der Epidermis, finden sich zahlreiche kugelrunde Schleimbehälter, welche sofort durch ihre Grösse, ihre runde Gestalt und ein besonderes Lichtbrechungsvermögen auffallen; ebenfalls finden sich im Blattgewebe reichlich Drusen von oxalsaurem Kalk.

Die Stengelstruktur ist von der der vorhergehenden Gattungen sehr verschieden; ein geschlossener Festigungsring ist nicht vorhanden, derselbe wird ersetzt durch Gruppen von stark verholzten Bastfasern, die den einzelnen Gefässbündeln vorgelagert sind, untereinander aber nicht verwachsen sind. Die einzelnen Gefässbündel zeigen eine langgestreckte Form, der Holzteil ist mächtig entwickelt, die Gefässe sind spiralig und tüpfelförmig verdickt, mit schiefen Längstüpfeln, und liegen eingebettet in stark verdicktes, einfach getüpfeltes Holzprosenchym. Die einzelnen Gefässbündel werden von dünnwandigem Gewebe umschlossen und sind in älteren Stadien von einander getrennt durch ziemlich breite, dünnwandige Markstrahlen. Der Siebteil ist verhältnissmässig schwach entwickelt. Rinde und Mark bestehen aus grossen, Interstitien führenden, isodiametrischen Zellen, mit Krystalldrusen von oxalsaurem Kalk und vereinzelten Schleimzellen.

Die Epidermis ist zweizellig, die einzelnen Zellwände sind stark verdickt, in alten Stadien findet Verkorkung statt; im Zellsaft gelöst, führen die Epidermiszellen roten Farbstoff.

Portulaca. L.

Fleischige Kräuter mit abwechselnden oder fast

gegenständigen Blättern, die bei einzelnen Gattungen spatelförmige, bei anderen rundlich-lineale Gestalt haben.

Portulaca grandiflora. Erlangen.

Im **Blattbau** zeigen sich dieselben anatomischen Verhältnisse wie bei den übrigen Gattungen. Schleimzellen und sternförmige Drusen von oxalsaurem Kalk sind vorhanden. Von der Fläche gesehen, zeigen die Epidermiszellen wellige Umränderung; ziemlich grosse Spaltöffnungen sind auf beiden Blattseiten vorhanden und von zwei Nebenzellen umfasst.

Stengel. Bei den Portulaca-Arten wird ein extracambialer Festigungsring nicht ausgebildet, er wird jedoch ersetzt durch einen intracambialen Ring (Fig. 5) aus stark verholzten und einfach getüpfelten Prosenchymzellen, der durch sekundären Zuwachs zwischen Cambium und Holzteil des Gefässbündels entsteht; derselbe ist in jungen Stadien weder verholzt noch geschlossen, dies geschieht erst allmählich; gleichzeitig werden auch die primären Gefässe weit ins Mark vorgeschoben, wodurch eine vielzackige Markkrone entsteht. Mark und Rinde bestehen aus grossen, Interstitien führenden Parenchymzellen, mit einzelnen Drusen aus oxalsaurem Kalk, Rinde und Epidermis sind getrennt durch eine kleine Hypodermschicht von einer bis zwei Zellreihen, die schwach collenchymatisch verdickt sind. Die Epidermis ist einzellig, mit ungefähr rechteckigen Zellen, die häufig durch eine dünne Querwand in zwei Teile geteilt sind.

Der **Wurzelbau** ist der den übrigen Gattungen eigentümliche. Ein centraler Holzkörper aus Tüpfelgefässen, Tracheïden und vereinzelten unverholzten Zellen bestehend; die Rinde aus losem Parenchym mit einer

Korkschicht nach aussen. An vorstehenden Typus schliessen sich an:

Portulaca foliosa. Madrid.
„ aurea. München.
„ papulosa. Madrid.
„ mucronata. Madrid.
„ gilliesii. Erlangen.
„ pilosa. Erlangen;

bei letzterer sind die Internodien mit langen dünnen Filzhaaren rund herum besetzt, so dass der Stengel von Haaren eingeschlossen erscheint.

Portulaca marginata, Madrid, hat einen auffallend lockeren Bau; während ein ca. 3 mm dicker Stengel von Port. grandiflora aus acht bis neun Zellreihen Rindengewebe besteht, setzt sich die Rinde von P. marginata nur aus ca. vier bis fünf Zellreihen, bei einem gleich dicken Stengel zusammen; dasselbe Verhältnis besteht auch zwischen dem beiderseitigen Markgewebe.

P. rostellata, Berlin, zeichnet sich dadurch aus, dass mitten im Rindengewebe der Wurzel eine Reihe Parenchymzellen verholzen.

Portulaca oleracea, Rom, unterscheidet sich bedeutend von den anderen Portulacaarten dadurch, dass es keinen Festigungsring ausbildet, was wohl mit dem nicht aufrechten, sondern niederliegenden, kriechenden Stengel in Zusammenhang steht; auf diese Eigentümlichkeit hatte schon Christ[1]) aufmerksam gemacht; um die kreisförmig angeordneten Gefässbündel

---

[1]) Christ, Vergl. Anatomie der Caryophyllinen. Dissert. Marburg 1887.

zieht sich jedoch ein Stärkering, der nur in älteren Stadien an Deutlichkeit nachlässt; auch sind den einzelnen Gefässbündeln häufig kleine Gruppen von leicht verholzten Bastfasern vorgelagert. Von Christ's[1]) Behauptung, dass bei Portulaca oleracea häufig zwei Kreise von alternierenden Gefässbündeln vorkommen, habe ich trotz Untersuchung einer grösseren Anzahl Exemplare nichts entdecken können.

Bei Portulaca Thellusonii, Erlangen, konnte ich ebenfalls keinen ausgebildeten Festigungsring entdecken, doch schlossen die einzelnen Gefässbündel seitlich ziemlich fest zusammen, so dass meist nur eine Reihe Parenchym sie trennte, und sie das Aussehen eines geschlossenen Cylinders hatten. Da das einzige mir zur Verfügung stehende Exemplar eine Herbarpflanze war, so konnte ich leider nicht feststellen, ob obige Abweichung durchgehends ist; erwähnen will ich noch, dass es sich bei dem Herbarexemplar nicht etwa um ein junges Stadium handelte, da dasselbe eine Blüte trug.

Lewisia. Pursh.

Aus einem kräftigen Grundstock mit rötlichen Wurzeln erheben sich dichte Rasen fleischiger, linealischer oder spatelförmiger Blätter, und einblütige niedrige Blütenstengel, die oberhalb der Mitte oder am Grunde gegliedert, resp. eingeschnürt sind.

Lewisia rediviva aus der Sammlung von Sm. Parish, St. Bernardino, Californ.

Der Blattbau ist übereinstimmend mit dem der

---

[1]) Christ, Vergl. Anatomie der Caryophyllinen. Dissert. Marburg 1887.

übrigen Portulacaceen. Im Blatt sind Krystalle und Schleimzellen vorhanden.

Der Blütenstengel unterhalb der Einschnürung zeigt folgende Struktur: Ein Festigungsring fehlt vollständig; die Gefässbündel bestehen aus kleinlumigen Elementen, der Holzteil wird ausschliesslich aus spiralig verdickten Gefässen gebildet, die unter sich fest zusammenschliessen; Cambium und Siebteil sind normal entwickelt. Die Gefässbündel sind unter sich zu einem Kreise angeordnet und durch parenchymatisches Gewebe von einander getrennt; häufig stossen jedoch zwei oder drei derselben seitlich zusammen und haben dann das Aussehen eines einzigen in die Breite gewachsenen Bündels. Das Mark wird aus losen, isodiametrischen Parenchymzellen gebildet, die etwas collenchymatisch verdickt sind. Markstrahlen fehlen. Aus denselben Elementen wie das Mark besteht auch die Rinde, beiden fehlen Stärke sowie Krystallgehalt. Die Epidermis ist einzellig, mit stark verdickten Zellwänden und einer vielzackigen Cuticula versehen. Spaltöffnungen sind am Stengel nicht vorhanden.

Der Bau des Blütenstengels oberhalb der Einschnürung ist folgender: Es ist ein extracambialer geschlossener Festigungsring vorhanden, der aus mässig verholzten und einfach getüpfelten Bastfasern besteht; der Ring ist ungleichmässig breit, indem er über dem Gefässbündel mächtig anwächst und sich auswölbt, in diesen Auswölbungen sind die Gefässbündel gelegen; dieselben zeigen ebenso wie das übrige Gewebe dieselbe Struktur wie die gleichartigen Teile im Blütenstengel unterhalb der Einschnürung.

Der Grundstock, aus dem nach oben Blätter und Blütenstengel, nach unten die Wurzeln ihren Ursprung nehmen, gibt auf dem Querschnitt kein übersichtliches Bild; es vereinigen sich hier die Gefässe von Stengeln und Wurzeln ohne bestimmte Anordnung mit den Gefässen des Grundstocks; zwischen den Gefässen liegt engzusammenschliessendes Parenchym. Der Grundstock ist ebenso wie die Blütenstengel stärkefrei.

Der Bau der Wurzel stimmt überein mit dem der übrigen Portulacaceen. Die polyarchen Gefässbündel, deren Gefässe ausschliesslich spiralig verdickt sind, und zwischen parenchymatischen nicht verholzten Zellen eingelagert sind, bilden mit diesen Zellen einen centralen Cylinder; Cambium und Siebteil liegen ausserhalb dieses Cylinders.

Die Rinde besteht aus lockerem Parenchymgewebe, dessen Zellen, ebenso wie die unverholzten Elemente des centralen Cylinders, vollständig mit Stärke angefüllt sind. Wegen dieses Stärkereichtums wird Lewisia in ihrem Heimatlande Californien von den Indianern gesammelt und als Nahrungsmittel verwandt.

Allgemeiner Teil.

Zusammenstellung der anatomischen Hauptresultate.

Die Struktur der Blätter ist bei den Portulacaceen im Wesentlichen sich ähnlich und nur insoweit verschieden, als Beschaffenheit und Konsistenz der Blätter verschieden sind, was wohl wieder in engem Zusammenhang steht mit dem Vorkommen der Portulacaceen resp. den Standortsverhältnissen der einzelnen Heimatländer. Wir haben gesehen, dass gewissen Gattungen eigenartige Schleimzellen zukommen; es sind das die Gattungen mit fleischigen resp. succulenten Blättern, nämlich Talinum, Spraguea, Calyptridium, Anacampseros, Monocosmia, Portulacaria, Portulaca und Lewisia, während dieselben bei Calandrinia nur vereinzelt und klein vorkommen und bei Claytonia und Montia fehlen.

Unter den Gattungen mit Schleimzellen zeichnen sich wieder besonders aus: Anacampseros und Portulacaria, denen bedeutend grössere und zahlreichere Schleimzellen eigen sind, als den übrigen. Ich glaube dies darauf zurückführen zu können, dass diese beiden Gattungen, welche in den heissen Sandgegenden des Kaplandes heimisch sind, häufig lange Zeit hindurch der Feuchtigkeit entbehren müssen; durch ihre Schleimzellen werden sie jedoch in den Stand gesetzt, grosse Wassermengen aufzuspeichern. Für die Bedeutung der Schleimzellen als Wasser speichernde Elemente hat sich unter Anderen Goebel[1]) ausgesprochen. Was die Schleimzellen bei den Portulacaceen betrifft, so konnte ich ihre Entstehung leider nicht verfolgen, sie sind schon in den Keimblättern der einzelnen Pflanzen vorhanden; sie haben vollständig kugelige Form, sind mit einer zarten Membran umgeben und meist bedeutend grösser als die umliegenden Zellen, wodurch sie sich auf den ersten Blick von jenen unterscheiden; ausgezeichnet sind sie ferner noch durch eine eigentümliche Lichtbrechung.

Auf Zusatz von Alkohol zieht sich ihr Inhalt zusammen und wird trübe und körnig. Unter der Einwirkung von Wasser quillt der durch Alkohol getrübte Schleim wieder auf und wird durchsichtig. Unter der Einwirkung von Färbemittel ist er auf

---

[1]) Goebel, Arbeiten des botan. Instituts Würzburg. p. 535.

keinerlei Weise zur Färbung zu bringen. Dass dieser Schleim das Wasser ziemlich zähe festzuhalten vermag, erkennt man daran, dass die Trübung durch Alkohol langsam und nicht sofort stattfindet, während die Aufnahme von Wasser nachher schnell und plötzlich geschieht. Bei Herbarpflanzen, wo die Schleimzellen nach und nach austrocknen, scheidet sich der Schleim nicht körnig aus, sondern ist stets zu klumpigen Massen zusammengeballt, die manchmal ein strahliges sphärokrystallinisches Gefüge haben; diese Massen lösen sich in Wasser nicht mehr. (Fig. 6 a.) Durch die zähe Zurückhaltung von Wasser in den Schleimzellen scheinen die Pflanzen in den Stand gesetzt, sich vor allzu grosser Verdunstung schützen zu können.

Bei den Blättern und Axen von Portulacaria und Anacampseros konnte ich noch eine interessante Eigenschaft konstatiren.

Als ich kleine Zweige dieser Pflanzen in Papier verpackt aus Palermo zugesandt erhielt, waren dieselben bei der Ankunft einigermassen zusammengeschrumpft. Auf dem Querschnitt dieser Stengel und Blätter hatte die Epidermis durch Zusammenziehung zapfenförmige Ausstülpungen erfahren. (Fig. 9.) Als ich kurze Zeit darauf diese Stengel und Blätter, welche inzwischen in feuchten Sand eingepflanzt waren, und sich wieder vollständig erholt hatten und turgescent geworden waren, untersuchte, waren diese Ausstülpungen nicht mehr vorhanden; ich glaube annehmen zu dürfen, dass diese Eigenschaft der Pflanze als weiteres Hilfsmittel dient, sich bei allzu grosser Trockenheit vor zu schneller Austrocknung zu schützen, indem sie durch diese Ausstülpungen einmal ihre Oberfläche verkürzt, sowie auch derselben eine rauhe und unebene Gestalt verschafft, die den Sonnenstrahlen und anderen Einflüssen eine kleine und ungünstige

Fläche bietet und ausserdem ein Zusammenklappen der Gewebe verhindern.

Auch schon die Blattstellung von Anacampseros und Portulacaria, sowie auch von Hectorella ist so eingerichtet, dass die Pflanzen einigermassen gegen die Wirkungen der Insolation geschützt sind. Bei Anacampseros stehen die Blätter in dichten Haufen dachziegelförmig über einander, ebenso schützen sich die Blätter bei Portulacaria und Hectorella durch ihre Stellung vor allzu grosser Erwärmung, indem sie sich gegenseitig decken.

Durch Haare ist die Gattung Calandrinia, sowie Portulaca pilosa ausgezeichnet; mit Ausnahme von Calandrinia umbellata, Cal. pilosiuscula und Portulaca pilosa, sind die Haare einzellig und gehen direkt aus einer Epidermiszelle hervor, indem sich diese allmählich nach aussen verjüngt. Das Haar ist an seiner Spitze abgerundet und hat eine ziemlich dünne Membran. (Fig. 7.) Einen besonderen Inhalt haben diese Haare nicht, derselbe ist körnig proplasmatisch; da dieser Inhalt bleibend ist und nicht mit der Zeit vertrocknet, so zählen diese Haare zu dem De Bary[1]) aufgestellten Typus der saftführenden Haare.

Die Haare der drei oben genannten Arten sind zusammengesetzte, lufthaltige (nach De Bary) trockne Haare, die aus langen Holzfasern bestehen, die sich hakenförmig nach aussen biegen. (Fig. 8.) Diese Haare können einesteils den Zweck haben, wieder die Wirkungen der Insolation abzuschwächen, anderenteils die Pflanzen vor dem Angriff und der Beschädigung durch kleine Tiere zu schützen.

Als zu den Haargebilden gehörig sind hier noch zu erwähnen, die bei Talinum und Spraguea vor-

---

[1]) De Bary, Vergl. Anatomie der Vegetationsorgane, p. 71.

kommenden blasenartigen Auswölbungen einzelner Epidermiszellen; De Bary belegt diese Gebilde mit dem Namen Blasen.[1]

Krystallelemente finden sich im Blattgewebe fast sämmtlicher Gattungen, dieselben bestehen ausschliesslich aus oxalsaurem Kalk und kommen in dreierlei Form vor, als sternförmige Drusen, als Sandmassen aus kleinen Kryställchen bestehend und als Einzelkrystalle, die dem quadratischen System angehören. Nur Drusen kommen vor bei Talinum, Calyptridium, Monocosmia, Portulacaria, Portulaca, Lewisia; Drusen und Einzelkrystalle bei Anacampseros und Spraguea, Krystallsand bei Calandrinia. Krystalllos sind Claytonia und Montia.

Spaltöffnungen befinden sich bei sämmtlichen Gattungen auf beiden Seiten der Blätter, und zwar kommen folgende vier Typen vor:

1) Die Stomata sind von **zwei** Nebenzellen **umfasst** (Fig. 1), zu diesem Typus gehören: Talinum, Anacampseros, Monocosmia, Portulacaria, Portulaca und Lewisia.

2) Die Stomata sind von **zwei** Nebenzellen **seitlich begrenzt** (Fig. 3), zu diesem Typus gehören: Spraguea, Calyptridium und Claytonia. Von diesen sind die Spaltöffnungen bei Claytonia in Reihen parallel der Längsaxe angeordnet, während sie bei den anderen Gattungen in der Epidermis zerstreut liegen.

3) Die Stomata sind von **vier** Nebenzellen, und zwar je eine seitlich, oben und unten **begrenzt**. Hierher gehört nur Calandrinia. (Fig. 2.)

4) Die Spaltöffnungen liegen direkt in der Epidermis und haben **keine** Nebenzellen, was bei Montia der Fall ist.

[1] De Bary, Vergl. Anatomie der Vegetationsorgane p. 58.

Im Bau des Stengels fallen vor allem die durch sekundären Zuwachs entstandenen Holzelemente auf, welche wohl die Rolle eines mechanischen Systems im Sinne Schwendener's[1]) spielen, indem sie zur Unterstützung und Festigung der Organe dienen sollen, in denen sie vorkommen, weshalb sie in dieser Abhandlung, da wo sie als geschlossener Ring vorkommen, auch Festigungsring genannt wurden.

Man kann dabei wieder verschiedene Typen unterscheiden: Einmal entsteht durch sekundären Zuwachs des Bastes, und zwar ausserhalb des Gefässbündels, ein, mehrere Zellreihen breiter, geschlossener extracambialer Festigungsring (Fig. 4 f.) aus verholzten Bastfasern, der sich um die Gefässbündel herumzieht. Zu diesem Typus gehören: Talinum, Calandrinia, Spraguea, Calyptridium, Monocosmia, sowie der Blütenstengel von Lewisia, oberhalb der im speziellen Teil erwähnten Einschnürung.

Beim zweiten Typus wird durch sekundären Zuwachs des Holzes der Gefässbündel, zwischen Cambium und Holzteil, ein intracambialer Festigungsring aus stark verholzten Holzfasern, Libriform, gebildet, der in mechanischer Hinsicht den vorhin erwähnten extracambialen Festigungsring vollständig vertritt (Fig. 5 f.). Zu diesem Typus gehört nur die Gattung Portulaca, mit Ausnahme jedoch von P. oleracea, welches keinen Festigungsring ausbildet; als eine Andeutung von Festigungselementen könnte man bei dieser Art vielleicht die manchmal den einzelnen Gefässbündeln vorgelagerten kleinen Gruppen von nicht oder nur schwach verholzten Bastfasern annehmen.

Keinem der beiden Typen schliessen sich an: Anacampseros, Claytonia, Montia und Portulacaria.

---

[1]) Schwendener: Das mechanische Prinzip im anatomischen Bau der Monocotyledonen u. s. w. 1874.

Anacampseros bildet weder Festigungsring noch Hartbastfasern aus, es zeichnet sich vor den anderen aus durch die innerhalb des Gefässbündelkreises im ganzen Mark zerstreut liegenden, eigenthümlich kurzen Tracheïden. Zweifellos tragen diese Tracheïden bei Anacampseros viel zur Stabilität des Stengels bei.

Bei Claytonia ist ebenfalls kein Festigungsring vorhanden, jedoch findet sich meist eine Andeutung desselben durch eine Reihe nicht verholzter Bastfasern, die sich kreisförmig um die Gefässbündel herumziehen.

Bei Montia sind überhaupt keine Festigungselemente vorhanden.

Bei Portulacaria sind zwar sekundäre Festigungselemente vorhanden, doch fehlt ein geschlossener Ring. Derselbe wird ersetzt durch Gruppen von stark verholzten Bastfasern, die den einzelnen Gefässbündeln vorgelagert sind.

Eine collemchymatische Hypodermschicht ist bei Talinum und Portulaca vorhanden; Portulacaria ist der einzige Vertreter einer zweischichtigen Epidermis.

Schon Solereder[1]) konstatirte bei den von ihm untersuchten Portulacaceen die ausschliesslich einfache Perforirung der Gefässe und einfache Tüpfelung des Holzprosenchyms, ich kann dessen Angaben nur bestätigen, und hinzufügen, dass dieselben auch bei alten von mir untersuchten Portulacaceen zutreffen. Wo im Stengel Krystallelemente vorkommen, sind es nur Drusen von oxalsaurem Kalk; krystalllos sind analog dem Krystallgehalt der Blätter nur Claytonia und Montia.

Roter Farbstoff kommt in der Epidermis von Portulacaria gelöst in Zellsaft vor. Der Bau der Wurzel ist für sämmtliche Portulacaceen überein-

---

[1]) Solereder, l. c. p. 19 und 22.

stimmend, es finden nur darin kleine Abweichungen statt, dass je nach dem Habitus der Pflanze, die einzelnen Elemente kräftiger oder zarter ausgebildet sind, oder dass der centrale Holzkörper manchmal Mark hat, manchmal nicht.

Durch einen grossen Gehalt an Stärke zeichnen sich aus die Wurzeln von Talinum und ganz besonders von Lewisia.

Ein Ueberblick über die aus den anatomischen Untersuchungen der Portulacaceen gewonnenen Resultate zeigt, dass dieselben sowohl im Bau der Blätter, als auch des Stengels, sogar manchmal innerhalb derselben Gattung, manche charakteristische Verschiedenheiten zeigen.

Wie es nach Pax, der die Familie der Portulacaceen in „Engler und Prantl, Natürliche Pflanzenfamilien" systematisch bearbeitet hat, nicht gut angeht, eine Einteilung der Familie in Unterabteilungen auf systematischer Grundlage herbeizuführen, so bieten auch die gewonnenen anatomischen Resultate keinen praktischen Anhalt, eine brauchbare Einteilung nach anatomischen Charakteren bewerkstelligen zu können, da einzelne Gattungen, die im Bau des Stengels übereinstimmen, oder ein gemeinsames Charakteristikum haben, im Blattbau Verschiedenheiten zeigen, die bedeutend genug erscheinen, den Wert einer solchen Einteilung in Frage zu stellen.

Zum Schlusse sei es mir noch gestattet, meinem hochverehrten Lehrer, Herrn Professor Dr. Reess, sowohl für die Anregung zur vorliegenden Arbeit, als auch für die Unterstützung bei Ausarbeitung derselben meinen tiefgefühltesten Dank auszusprechen; nicht minder danke ich Herrn Assistenten Dr. Bruns für manchen mir erteilten wertvollen Ratschlag.

Curriculum Vitae.

Geboren am 27. Mai 1867 zu Viersen, Rheinprovinz, als Sohn des Kaufmanns Carl Becker, besuchte ich nach Verlassen der Elementarschule das dortige Realgymnasium, das ich mit dem Zeugniss zum Einjährig-Freiwilligen Militärdienst verliess. Ich trat dann in die pharmazeutische Lehre ein; nach Beendigung derselben, sowie dreijähriger Conditionszeit bezog ich für vier Semester die Universität München, wo ich im Winter-Semester 1891/92 die pharmazeutische Staatsprüfung mit Note I bestand. Darauf arbeitete ich drei Semester an der Universität Strassburg, während welcher Zeit ich auch im dortigen kaiserlichen Garnisonslazareth meiner Militärpflicht als Einjährig-Freiwilliger Militärapotheker genügte. Im Wintersemester 1893/94 sowie Sommersemester 1894 war ich an der Universität Erlangen immatriculiert und verfasste während dieser Zeit im dortigen botanischen Institut vorstehende Arbeit unter Leitung meines hochverehrten Lehrers, Herrn Prof. Dr. Reess.

Erklärung der Tafeln:

Fig. 1. Epidermis und Spaltöffnungen von Talinum purpureum.
Fig. 2.   „   „   „   „ Calandrinia grandiflora.
Fig. 3.   „   „   „   „ Claytonia perfoliata.
Fig. 4. Calandrinia speziosa. Querschnitt durch den Stengel.
f. Festigungsring.
Fig. 5. Portulaca grandiflora. Querschnitt durch den Stengel.
f. Festigungsring.
Fig. 6. Portulacaria Afra. Blattquerschnitt;
a) vertrocknete Schleimzellen; b) frische Schleimzellen;
c) Krystalldrusen.
Fig. 7. Haar von Calandrinia speziosa.
Fig. 8. a) Haar von Calandrinia umbellata; b) einzelne Haarzelle.
Fig. 9. Portulacaria Afra. Stengelquerschnitt.
Fig. 10. Spraguea umbellata. Blattquerschnitt;
a) Schleimzellen; b) Epidermisblasen.

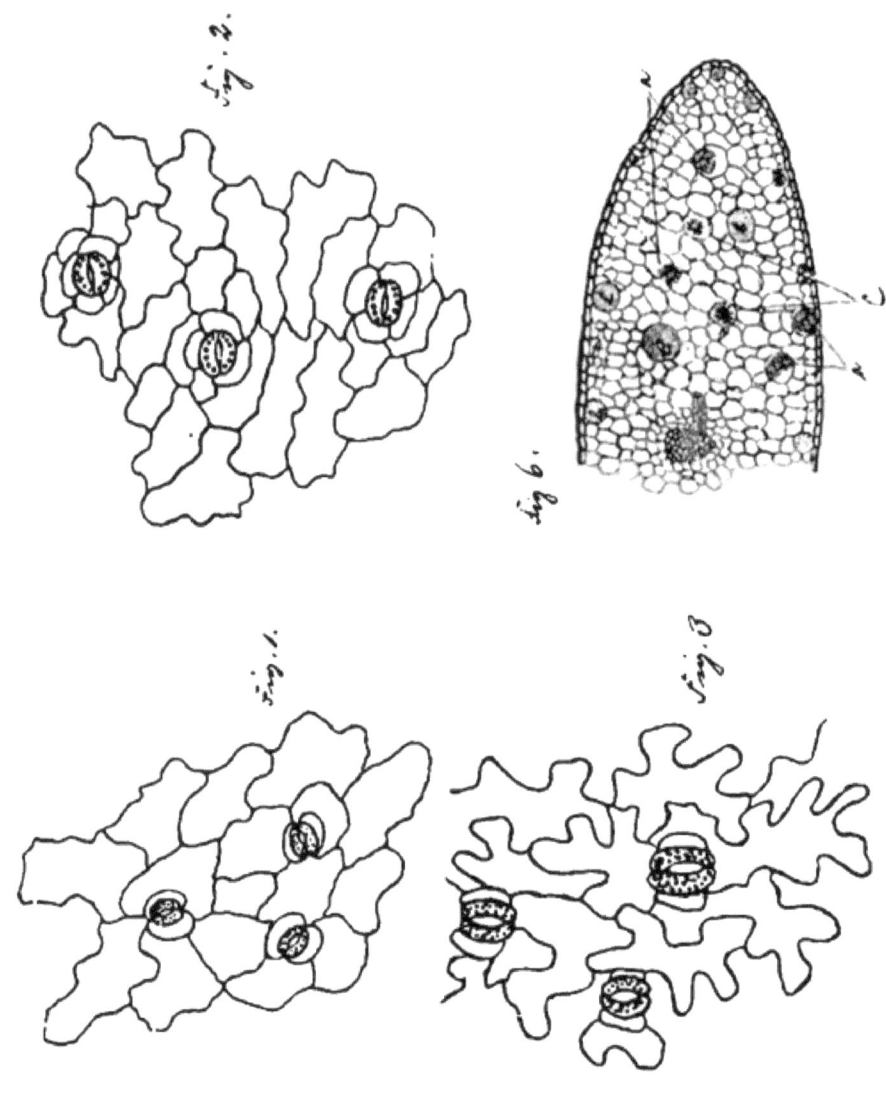

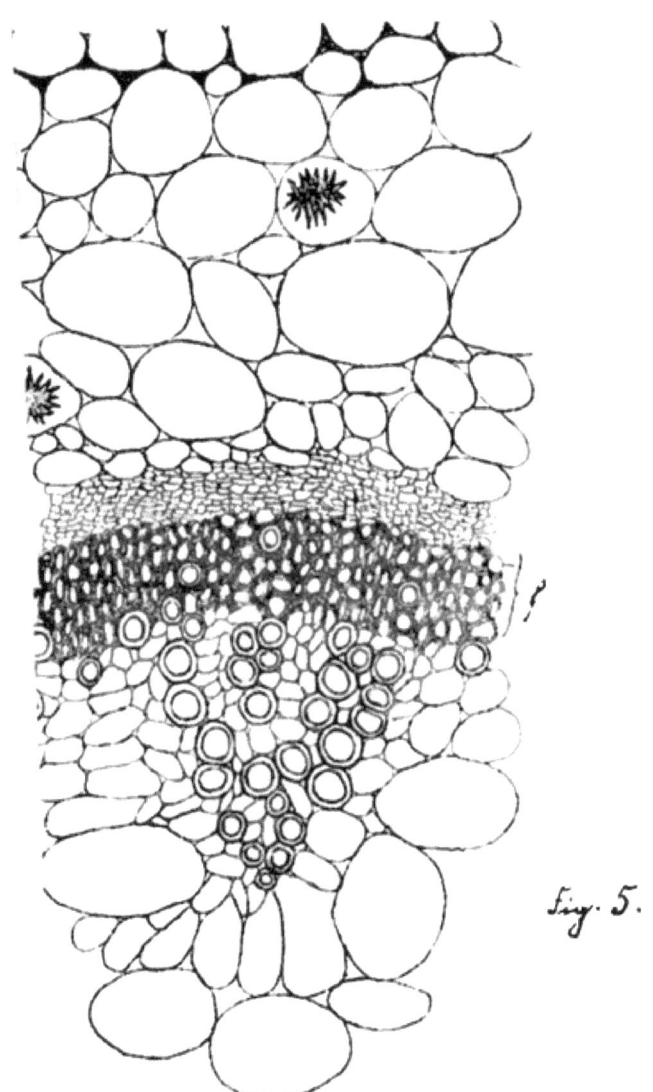

Fig. 5.

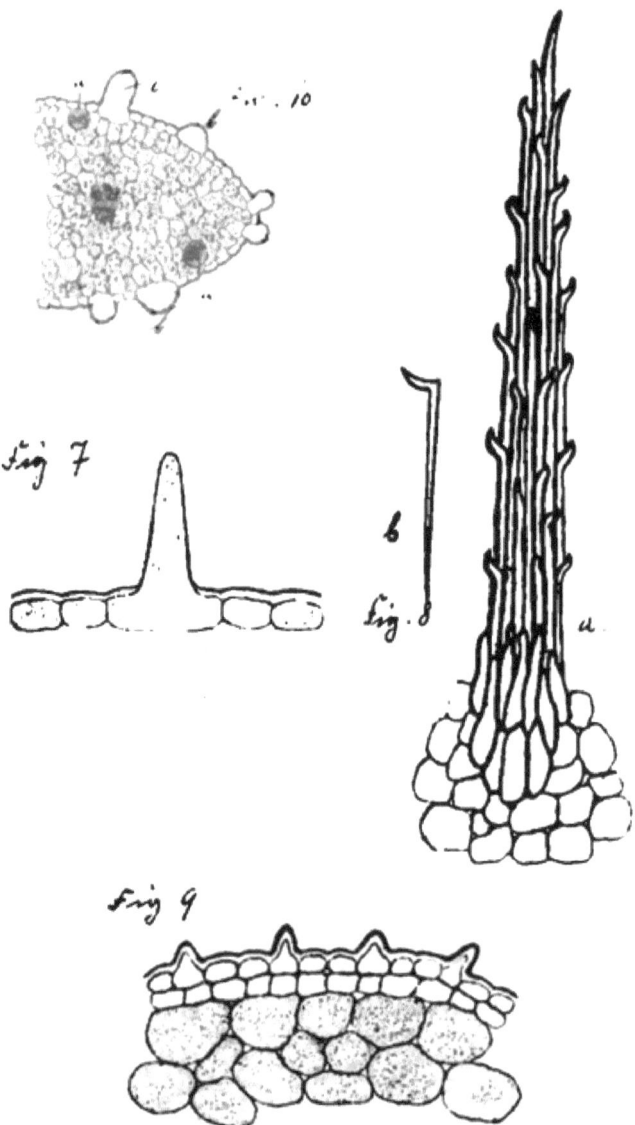